I0148572

Andreas Celichius

**Das christliche tugentreiche Leben und selige Friedenfahrt**

Andreas Celichius

**Das christliche tugentreiche Leben und selige Friedenfahrt**

ISBN/EAN: 9783743618978

Hergestellt in Europa, USA, Kanada, Australien, Japan

Cover: Foto ©Lupo / pixelio.de

Manufactured and distributed by brebook publishing software
(www.brebook.com)

Andreas Celichius

**Das christliche tugentreiche Leben und selige Friedenfahrt**

Das Christliche Tugentreiche leben vnd
Selige friedenfarth aus diesem jammerthall.

# Der Durchleuch=

tigen / Hochgebornen Fürstin=
men vnd Frawen / Frawen ELISA-
BETH / geborn aus Königlichem stam
zu Denmemarck / Hertzoginnen zu Meckeln-
burgk / Fürstinnen zu Wenden / Grefinnen
zu Schwerin / der Lande Rostock vnd
Stargard Frawen / Hochlobli-
cher vnd Christlicher seli-
ger gedechtnis.

Nebenst kurtzem vnd grundlichem bericht / wie es in heimführ-
rung J. G. Leich zu Warnemünd / Schwan / vnd Gustrow
zugangen / vnd wie entlich die Begrebnis in herlicher doch
trawriger procession vieler Fürstlichen vnd Adelichen
personen / auch anderen darzu verschriebenen
Herrn vnd Freunden / in der Thumkirche
alhie den 23. Nouemb. gehalten
vnd follenzogen.

In Reime gefasset
durch

M. FRANCISCVM OMICHIVM.

Cum priuilegio.

INSIGNIA FRI-
DERICI I. RE-
GIS DANIÆ, &c.

Der Durchleuchtigsten/ Groß=
mechtigen Fürstinnen vnd Frawen/ Frawen
SOPHIEN in Dennemarck/ Norwegen/
der Wenden vnd Goten Königin/ Geborn
zu Meckelnburg/ Hertzoginnen zu Schleß=
wick/ Holstein/ Stormarn/ vnnd der
Ditmarschen Greuin zu Oldenburg
vnd Delmenhorst/ Meiner
gnedigsten Königin vnd
Frawen/

Gottes gnade vnd Reichen segen durch Jesum
Christum/ vnsern Hochuerdienten Imma=
nuel/ beneben meinem trewen gebete/
vnd demütigster bereitwillig=
keit zuuor.

Durchleuchtigste Grosmechtige
Königin gnedigste Fraw/ Es
eitulieret vnd beschreibet der kö=
nigliche Prophet Dauid in sei=
nem 24. Psalm/ den HERrn
Messiam das er sey ein Herr der Ehren vnd
herrligkeit/ darumb das er gnade vnd Ehre
austeilet/ wie im 84. Psalm siehet/ welches
er dann nicht allein in diesem leben/ mit gne=
diger vergebung der Sünden/ vnd dort mit
theetlicher schenckung der Himlischen Erb=
schafft vnd Seligkeit erfüllet/ sondern wenn

A ij                    auch

auch Christliche Ehren pflentzlein / in seinen
Kirchenparadeiß / durch ein hitziges Fieler
oder sterbensluft versenget werden / das sie
den kopff nider hencken / vnd am leibe ein zeit-
lang verderben müssen / so wil ers trawen
nach jrem tödtlichen abgange / wercklich pra-
cticiret haben / was Syrach 43. sichet: Die
gemeine des Herrn soll jhr lob verkündigen.
Kan derwegen mit keiner billigkeit getadlet
werden / Sondern ist Göttlichem willen vnd
befehel gemehß / das man den Todten des
Herrn/wie sie Esaias nennet/rühmlich nach-
sage / was sie guts vnd lobwirdiges in jrem
Christenstand gethan haben / weil doch ohn
das des gerechten nimmermehr soll vergessen
werden. Vñ was einen ehrlichen namen hin-
ter sich lest/ das mus auch seinen Ehrenpreis
vnter den Christen behalten/vnd seine wercke
folgen jhm nach / saget die Himmelsche stim-
me Apocal.14.    Also lieset der heilige Geist
Koning Dauid die laudes / vnd lesi es bis an
den Jüngsten tag in der gantzen Christenheit
vberlaut erschallen/ das er des Herren volck
mit allen trewen geweidet vnd Regieret
habe.

    Dahin sihet auch der Sohn Gottes/
wenn er seines eifferigen fürleuffers/ der nun
baldt.

baldt solte auffgeopffert werden/ mit beson=
derem ruhm erwehnet/ vnd thut jhm ein rech=
te aus bündige lobpredigt nach.

Solches bezeuget auch die Historia von
der Tabea zu Joppen Actor: 9. die war bey
jhrem leibsleben/ ein Jüngerin des Herrn/
voller guter wercke vnd allmosen/ darumb
preiset auch solches S. Lucas nach jrem todt
für der kirchen Gottes.

Diesen vnd viel andern Exempeln nach
Gnedigste Königin vnd Fraw/ habe ich auch
das Christliche Tugentreiche leben vnd that/
auch die selige Fridenfarth E. K. M. hertz=
lieben Fraw Mutter hochlöblichen vnd seliger
gedechtnis/ meiner gewesenen Gnedigen Für=
stinnen vnd Frawen/ so viel mir dauon be=
wust/ kürtzlich in reime verfasset. Vnd ob
ich wol bekennen mus/das ich viel zu geringe
vnd vngeschicket bin/ J. G. nach allen vmb=
stenden vnd nach den hohen Göttlichen gaben
vnd weisheit/ so in jhr als der helle Mor=
genstern im Firmament des Himmels/ her=
fürgeleuchtet/ zubeschreiben vnd zu loben/vnd
solches von anderen Hochuerstendigen vnd
Gelerten Leuten ohn zweifel geschehen/ So
habe ich dennoch auch hiemit/ meine vnter=
thenigkeit vnd schüldige danckbarkeit/ für viel
A iij                          seltige

feltige gnade vnd wolthat/ So ich von J. G.
entpfangen/ offentlich nach J. G. tödlichem
abscheidt / an tag geben wellen / Vnd habe
solche meine geringschetzige arbeit niemandt
anders / als E. K. M. zuzuschicken/ gewust/
der vnterthenigsten tröstlichsten hoffnung vnd
zuuorsicht / Es würden E. K. M. solches
vmb der hertzgründlichen liebe willen / damit
E. K. M. ihre in Gott seliglich verstorbenen
Fraw Mutter stets vmfangen / auch in gna-
den annemen vnd sich gefallen lassen / Dar-
umb ich dan auch hiemit zum vnterthenigsten
will gebeten haben / E. K. M. sampt dersel-
ben Hochlöblichen Gemahl / Junger Her-
schafft vnd Frewlein / in den Schutz des al-
lerhöchsten/ zu frölichem glücklichem wolstan-
de vnd langweriger gesundtheit/ in höch-
ster Demuth vnd vnterthenigkeit
entpfelende. Datum Gu-
strow den 24. Nouem-
bris / Anno 88.


E. K. M.

Vntertheniger

M. Franciscus Omichen.

Das

# Das Christliche leben vnd seliger Abschied von diesem jammerthal/

## Der Durchleuchtigen Hochgebornen Fürstinnen vnd Frawen/ Frawen ELISABETH/ geborn aus Königlichem Stam zu Dennemarck/ Hertzoginen zu Meckelnburgk/ etc.

Enn Sprach der hochweise Man/
In seinem Buche zeiget an/
Das man die Todten willig vnd gern/
Mit wolthaten solle fürehrn :
So will er nicht / wie Martion/
Etwa geschwermet hat hie von.
Das man zu guter letz sie soll/
Noch ein mahl teuffen recht vnd wol.
Auch lert er solchs nicht derhalben/
Das man die Todten sol besalben
Mit Oel darzu in sonderheit
Aus den vrsachen zubereit
Das sie also durch solch geschmier/
Vnsichtig gmacht/ dem helschen Thier/
Vnd seiner schwartzen Engel schar/
Entwüschen möchten ohn gefahr.
Viel weniger wil er hie mit lehrn/
Das man die Todten sol fürehrn
Mit Opffer vnd Vigilien/
Vnd also jhren Seelichen.

                                    Wie

Mit wolthaten kommen zu steur/
Vnd sie lösen aus dem Fegefeur.
Dan von solchm tand vnd Gözen wissn
In heilger Schrifft wird nichts gelessn/
Sondern sein meinung kürtzlich iß/
Die mit Gottes wort einstimbt/ diß/
Das man solle von grundt des hertzn
Vber die verstorbene tragn schmertzn/
Vnd sie beweinen bitterlich
Wal sie von vns gescheidet sich.
Zu dem/ will er hiemit bedeutn
Das man solle fromn Erbarn leutn
Die in Christo geschlaffen ein
Herlich begengnis halten fein/
Vnd sie an reulichm ortt bewahrn
Daran auch kein vnkosten sparn/
Dann solchs ist ihn die letzte Ehr/
Sie konnen auch sonsten nichts mehr.
Haben von allm Reichthumb vnd Landt
Als was zum bgrebnis wirt gewandt.
    Letzlich Syrach vns leren will
Das man nicht soll vorschweigen still
Der verstorbnen thate vnd Tugend
Sondrn was sie habn von ihrer jugnd
Bis ins Alter lobliche vorbracht/
Soll von Nachkömling werdn gedacht
Allenthalben mit höchstem vleis/
Ihnen zu lob vnd Ehrenpreis.
    Das solches Syrachs meinung sey
Bezeugen die Exempel frey:
Dan bey den Ebreuern nicht allein/
Sondrn auch hernach ist ghalten fein/
               Der

Der gbrauch das man die so da wern
Selig entschlaffen in dem Herrn/
Gantz herlich zu der Erd bestad/
Auch jhr Christlichs lebn vnd that
Beschriebe fein mit höchstem vleis/
Damit durch solches lob vnd preis
Jhr gedechtnis verging nicht balt/
Vnd das es auch beid jung vnd alt
Ein fürbilt vnd anreitzung wehr/
Zu folgen jhrer tugnt vnd Ehr.

    Demselben Christlichm gebrauch nach
Vnd aus obgesetzter vrsach/
Hab ich auch itzund fürgenomn/
Das lebn der durchleuchtign vnd fromin/
Frawn ELISABETH Hochgeborn/
Aus Königlichm stamn ausserkorn
Zubeschreiben /doch kurtz vnd schlicht
Dann ich mich düchtig befind nicht
Nach jhrer wirde genugsam
Zu loben jhre Tugnt vnd Stam.
Jch wil aber in dieser sach
Der Poeten brauch nicht folgen nach/
Dann sie solche gewonheit hahn
Wenn sie zu schreiben fangen an/
Das sie viel Götter allermeist
Anruffen vmb ein guten Gaist/
Das jhre Reim mit süssigkeit
Geziert mügn sein vnd wol gekleit.
Jch aber weis man einen Gott
Den ruff ich an nach seim gebott/
Das mir diese reim wolgelingn
Vnd seinem namen Ehre bringn/

              B                Auff

Auff das ichs abr anfange recht/
So merckt erst jhrn stam vnd Geschlecht.

Anno C.
1524.

Fraw ELISABETH ist geborn/
Von einem Vater hoch erkorn/
Welcher in diesem Norden Reich/
An gwalt vnd tuguden hat kein gleich.
Nemlich ein kêng FRIDRICH genant:
Dem erstn des Namens wol bekant.
In Dennemarckscher Nation/
Von wegen vieler tugnden.schon/
Welch in jhm habn geleuchtet fern/
Gleich als der helle Morgenstern.
Darumb dann auch des Reiches rath/
Damals zu jhm.jhr zuffluche hat/
Für andern ( weil zur selben zeit
Groß auffruhr/ jamer/ angst vnd leide.
In Dennemarckn vnd nachbar Landn/
Durch Kêng Christern war erstandn.
Als er vngedrungen entweich/
Von Dennenmarckscher fron vnd reich)
Da hat er nicht mit Blut odr gwalt/
Sondern mit freundtligkeit gar baldt/
Gestillet solch grosses ruhmor/
Welchs.angezündet war zuuor.
Vnd nachmals als ein trew Regent/
Gestanden.für an allem endt.
Dem Teutschen reich/ das für alln/
An jhm Gott het ein wolgefalln.
Vnd segnet jhm sampt seim gesinde/
Ja gab jhm auch Adliche kindt/
Vnter welchen  der thewre Helt
Christian der dritte wirt gezelt/

Wels.

Welcher von wegen Gottes frucht/
Fürstlicher Tugend/ ehr vnd zucht/
Gerechtigkeit vnd gütigkeit
Gerümbt geworden weit vnd breit/
In Denschen Reiche nicht allein/
Sondern in gantzer Christen gmein.
Wie er dan auch an seiner Stat
Ein frommen Sohn gelassen hat.
Der nach seinm Großvatr ist genant/
Vnd wol regieret Leut vnd Landt.
Der getrewer Gott denselbn allzeit/
Bewar für aller nott vnd leidt/
Vnd geb jhm beid an Leib vnd Seel/
Hie zeitlich glück vnd ewigs heil/
Auff das er mit seinm Gmahl Sopheien
Aus Mechelburg/ müg wol gedeien/
Vnd entlich nach viel zeit vnd Jahr/
Mit jhr sampt aller Heilgen schar/
Bey Köng Christian im Himmelreich
Mügen Gott loben ewiglich.
Damit ich aber widerumb
Zu König Fridrichs geschlecht kum/
Derselb erstlich zum Ehgemahl nam/
Aus Brandenburgs Churfürstlichm stam
Frewlein Annen/ welcher Vater heiß
Johannes / Tugentreich vnd weiß/
Vnd als man mag solchs lesen klar
In Chroniken/ jhr Großvatr war
Marggraff Albrecht der küne helt/
Sehr hochgelobt in gantzer Welt/
Welch von wegen Adlicher that/
Auch anschlegen vnd weisem Rath/

B ij      Beim

Beim krieg vnd fried im gantzen Land
Der Teutschn Achilles ward genant.

Dieselb Anna Köng Friederich gbaer
Doch zu vndrscheidner zeit vnd Jhar
Einen Soen der hies Christian
Der dritt/ wie vor gezeiget an/
Auch ein dochter Dorotheam/
Die erst des Namens tugentsam/
Welch hernachmals zu einer Braut.
Als sie erwachssen / ist vertrawt
Hertzog Albrecht dem klugen hern
Von Preussen/reich an gut vnd Ehrn/
Von dem wiedrumb geborn wart
Frewlin Anna Sophia zart/
Welch zu eim Ehgemall sich erforn
Der fromme Fürste hochgeborn
Von Mechelburgk Johan Albrecht.
Ein schöne zier sein gantzn geschlecht/
Von wegen seiner kunst vnd Ehr
Gottsfurcht vnd vieler tugnten mehr.

Als aber vnser Herre Gott.
Het weckgenommen durch den tode
Köng Friederichen sein erst Gemahl
Hat er nach etlichen Jahrzall
Widrumb zur Eh sich ausserlessn
Frewlin Sophiam/ welch gewessn
Ein Tochter Fürst Bugeslai/
Welchen man wol mag nennen frey
Des Pommerlands einen Vater
Ein getrewn beschützer vnd rater/
Des gemahl war aus Polschen Stamn.
Ein tochter Köngs Casimirs mit nam.

Diese

Diese Sophia Köng Friedrich
Gebaer drey Söhne Tugentreich/
Nemlich die löblichn Fürstn vnd Hern
Von Holsln/ an Adel hoch vnd Ehrn/
Den erften Soen nent er hertzog Hans
Welcher mit schoner Tugnden glantz
Viel andern Fürstn vnd Nachbarhern
An Gütern reich vnd auch an Ehrn
Vorgleucht hat mit gutm Exempel/
Hat gebauwet viel Schuln vnd Templ
Gliebt auch Gottes heilges wort
Ließ er auch predign an allm ortß
In seinem Land/ auch armen knabn
Die luft zu dem studieren habn/
Hat er gegeben stipendia
Vnd was ihn nötig. in Summa
Er ist gewest ein recht ausbunt/
Der für viel andern guts gegunt
Gelerten leuten vnd sein gunst
Erzeiget milde aller kunst/
Vnd wirt billig vergleicht also
Dem Tito Vespasiano/
Welches Tugent vnd Mildigkeit
Auch wirt gelobt zu derzeit.

    Den andern Soen thet nennen Er
Adolphum / welch von krieges her
Vnd von Manliden tapffer that
Sein rechten Nahmn bekommen hat.
Abr ießunde siß in ewiger rhu/
Wiewol Teutschland schier alzu fruß/
Das iß ein Heubt nach dem andern
Verleurt/ welch alle weckwandern/

Für künfftigr gefahr vnd vnglück/
Das ons schwebt oberm kopff vnd rück.

Den dritten Sohn er Friedrich nent/
Der ist nicht gkomn zum Land Regiment
Sondern zu Hildesheim in Ordn
Getretten vnd da Bisschoff wordn.

Desgleichn het er auch Töchter drey/
Mit Tugnten gezieret mangerley/
Dem ersten Frewlin er geben thet
Ein schonen namn Elisabeth/
In dem ers wol getroffen hat/
Dan sie solchn namen mit der that
Bekommen/ weil sie ist durchaus
Gewest ein wolgeschmucktes hauß
Gottes/ vnd aller tugnden krohn/
Abr itz in Christo ruhet schon.

Diese erstlich noch jung vnd zart/
Anno C. Zum Ehgemahl vertrawet wart
1543. Magno von Mechlburg eim Hertzogh
Gelert vnd from/ welcher sie doch
Nur sieben jahr gehabt/ vnd bald
Ist weckgenomn durch tods gewalt.
1550. Vnd ob sie wol ein Widwe war
Lies sie doch Gott nicht trostloß gahr/
Sondern halff sie widr zum selben Stam
Dan sie zu seinm Ehgemahl nam
Der Durchleuchtiger Fürst vnd Herr
1557. Des Vaterlandes ein Vater

Her

Herzogk VLRICH / vnd zeugt mit jhr
Ein Frewlein vieler tugnden zier /
SOPHIAM / welche dan hernach
Köng FRIDRICH so bald er sie sach:
In Dennenmarck zu Copenhagn
Zur Königin sich lies zusagn.

Das ander Frewlein AGNES /
Das dritt abr DOROTHEA hies /
Des feinen Namens die ander /
Damit ohne zweiffl der weise Herr
König Fridrich dieses anzeigt /
Das er dem namen sey geneigt /
Für andern ( weil noch war im lebn
Die erste Dorothea / gegebn
Dem Fürstn aus Preussn ) nicht allein drumb
Das sein geliebte Mutter frumb
Also geheissn / sondern viel mehr
Anzuzeign / das ein from Gemahl wehr
Ein schön gab Gottes des Herrn /
Welch er allein thete beschern.

Diß DOROTHEAM hochgemelt /
Herzogk CHRISTOFFER hat erwelt:
Für andern Frewlein vberall
Zu seinem lieben Ehgemahl /
Welchem sie doch der getrewe Gott:
Baldt weckgenomen durch den todt /
Vnd sie aus aller angst vnd quall
Gefürt in seinen frewden Saell /
Vnd hat dieselbig zu Gustrow /
Im Thume jhr schlaffsted vnd rhow.

1572

Dis

Dis ist also fein kurtz vnd schlicht
Zum ersten der ware bericht/
Wor dieser seligen Fürstin from
*ELISABETHN* geburt herkom/

Ob nu wol ist auff dieser welt
Für allem Reichthumb Gut vnd Gelt/
Das aller best ein guter Nahm
Ja Königlich geschlecht vnd Stam/
So hielt sie doch solchs vngeacht/
Ja aller weltlicher lust vnd pracht/
Fürs beste Kleinod vnd gewin
Das sie der Kirchen Bürgerin
Geworden were/ durch das Badt
Der Tauff/ die sie bekommen hat
Damit sie hette gekrönt Gott/
Vnd geadlet durch sein Soens todt.

Was aber für ein Adlich gemüt
Bey solchen königlichm geblüt
In jhr gewesen von kind auff
Zeigt an jhrs gantzen lebends lauff.

Es haben sie auch zu jder zeit/
Gantz erbarlich jhr Eltern beidt/
Zu Gottes furcht vnd aller tugndt
Erzogen in jhrer iungen Iugndt.

Dann als jhr Vater alt vnd schwach
Köning Friedrich zu bette lach/
Hat er zu jhm in seinen Saell
Fördern lassen sein Ehgemall
Vnd sie vermand/ so hoch er gkont
Das sie jo wold zu jder stunde
Die nachgelassne Kinderlein/
Jhr trewlich lassn befohlen sein.

Vnd

Vnd sie erziehn zu Gottes frucht
Vnd aller Erbarkeit vnd zucht/
Damit sie nicht allein auff Erdn
Faine Regenten muchten werdn/
Sondern hernach in Himmelreich
Sampt jhm bey Gott lebn ewiglich.
　Wie getrewlich abr habe betracht/
Vnd nicht geschlagen aus des acht/
Solch jhres lieben Herrn Mandat
Die Königin / sondern frü vnd spat
Mit allem ernst es recht bewogn/
Vnd jhre Kinder wolerzogn/
Das habn genug beweiset klar/
Ist in die ein vnd viertzig Jahr/
In diesen Löblichn Fürstenthumb/
Die zwo Schwestern Adlich vnd frumb.
Vnd von der ersten Dorothea
Geborn Fraw *ANNA SOPHIA*/
Welch Mechelburgischn Fürsten / dreien
Gebrüdern ehlich vormehlt sein/
Vnd sich in jhrm gantzen handel/
In Fürstlichn Tugnten ohn wandel/
Also kegn jhre Herrn erzeigt/
Vnd jhren Vnderthan geneigt/
Das man von jhn wol sagen mach
Was von einm Erbarn Weib Sprach
Schreibet in seinen Sprüchen gutt/
Vnd also klerlich sagen thut :
Gleich als die edle Sonne klar
Am Firmamente offenbar/
Der schonen wolgeschmuckten Welt/
Aller blumen auff Beumn vnd felt/
　　　　　C　　　　　　　　Ein

Ein herrlich zierat vnd licht iß/
Also sey auch auff Erden gewiß/
Ein vernunfftig vnd züchtig Weib/
Adlich geziert an gmüt vnd Leib.
Fürnemlich eines Fürsten Gmahl/
An tugnden reich/ vnd ohne pral/
Nicht allein ihres Mannes Kron/
Ein feiner schmuck vnd zirath schon/
Sondern dem gantzen Fürstenthumb/
Ein Ornament/ Lob/ Ehr vnd ruhm.
Wie man dauon denn fein thut lesen/
In heiliger schrifft/ das sey gewesen/
Ein solch/ die Königin Hester/
Sara / Rebeck/ vnd ander mehr/
Judith / Susann/ Abigaill/
Die ich nicht all erzelien will.
Denselben auch sein gantz geleich
Köng Friedrichs Töchter tugentreich/
Vnd *ELISABETH* sonderlich/
Welch itz alda im Himelreich
Bey Gott in höchsten frewden schwelß.
Denn sie stets weil sie gelebt/
Nicht allein Gottes heilge wort
Mit grosser andacht fleissig gehört/
Sondern daheime alle tach
In einem sonderlichen Gemach/
Etzlich stund verordnet darzu/
Da sie allein in stiller rhu/
Mit gantzem ernst gebet zu Gott/
Für ihr vnd aller Christen nodt.
    Es thun die Heiden auch wol schreibn
Von etzlichen Durchleuchtigen Weibn/
                                Di

Die vorzeiten in Griechenlandt/
Vnd Römschen Reich gewest bekant:
Als von Admeti seinm Gemahl
ALCESTIDE / welch wie ein stahl
Fest hielt mit trewn an jhrem Man/
Vnd wold sich für jhn tödten lahn.
Desgleichen von Lucretia
Der Keusschen/ vnd Cornelia/
Hipsicratea vnd viel mehr/
Die Lieb gehabt tugendt vnd ehr.
Auch von den weitberümbten frawn
(Welcher geschicht wir wolln beschawn)
Der MINIARVM / welch ohn datt
Eitel Jüngling von höchstem Adel
Gewesen vnde zu Sparta
Oder Lacedemonia
Gewond/ vnd sich ghalten prechtlich/
Auch an gutt vnd reichtumb mechtich
Erlanget auch am selben endt
Grosse Empter im Regiment/
Als sie aber an solcher pracht
Zunahmen vnd an gwalt vnd macht/
Auch bekamen grossen anhanck/
Da wart homutig jhr gedanck/
Vnd stelten nach dem Regiment
Das gar zuhabn in jhre hend/
Vnd damit sie das gantze Landt
Muchten bringen in jhre handt
Gingen sie vmb mit heimlichn renckn/
Vnd thaten auff die anschleg gdenckn/
Das sie muthwillig mit empuer/
In einem Mordlichen auffruhr

Aus-

Austilgen wolten den Senat?.
Als aber solche vbelthat/
Der Rath daselbest het vernomn/
Vnd heimlich war dahinder komn/
Das sie sich solchs vnderstan/
Lies man sie alle greiffen an/
Legt sie in die herts gefencknis/
Da bekanten sie vorgewis
Ihr fürgenommen vbelthat:.
Darumb verurtelt der Senat/
Sie als die feind des Vaterlands/
Des man sie in gefencknis band
Solt alle richten auff ein nacht.
Als nu das ortheil ward ausbracht/
Die trawrigen Weiber das vernahmen/
Vnd mit sehr grosser fürbitt kamen
Für ihr Menner/ zu dem Senat/
Doch hett ihr fürbitt gar kein statt/
Das men ihn wold ihr Männer gebn/
Vnd ihn aus gnad schencken das lebn.
Sondern sagten das mit einm harbn
Todt/ musten ihre Menner sterbn.
Als nu die Weiber hochgeborn
Vermercken all ihr bitt verlorn/
Liessen sie vnderwegn die bitt/
Vnd brauchten ir vernunfft vnd sitt/
Ka men zusamen vnd hielten rath/
Zu vnderkommen deise that/
Vnd vnerhörte hülff erdachten/
Vnd ihr Männer da frey mit machten.
   Dann als gleich kam die bstimte nacht
Das ir Mann solten werdn vmgbracht/
Als.

Als die Sonn vndergangen war/
Gingen sie all zum Gfencknis dar/
In tra.vrkleidern gantz bloca entwicht/
Hatten verhüllt ihr angesicht/
Baten die Hüter auff das best/
Das sie doch müchten zu der lest/
Ihr liebe Männer in der nehen
Noch einmahl ansprechn vnd sehen/
Dieweil sie doch bald musten sterbn.
Nu dis thaten sie leicht erwerbn.
An den Hütern vnd Richters knechten/
Weil die Weibe von Edlem geschlechten.
Derselben Statt warn allgemein/
Da lies man sie ins gfencknis ein/
Zu jhren Männern/ die in node
Lagen vnd warten auff den todt/
Wenn zu ihn der Nachrichter quem/
Vnd ihn allen das leben nehm.
So kamen die Frawen ohn klag
Offenbarten jhn jhren anschlag.
Nachdem zugens ihr Kleider ab/
Vnd ein schliche Fraw daraab/
Ihr Frawen kleider ihrem Man/
Vnd legt sie seine Kleider an.
Also die Man in frawen kleide
Verwechselt/ gleich als trugn sie leid/
Giengen bald aus der Gfencknis widr/
Verhüllt ihr anasicht schlugen widr/
Sam es die trawrign Weiber wern/
Das sahen die Hüter von fern/
Thaten nicht weiter ihn nach schawen.
    Also halffin die Edlen frawen/
        C iij.        Durch)

Durch list aus der Kercker dannen
Ihren verurteilten Mannen/
Vnd blieben da an jhrer statt
Im Kercker in der Männer gwad/
Wolten also den bittern todt
Leiden sampt grosser schand vnd spott
Für jhre Man willig vnd gern/
Das sie nur lohs vnd ledig wern.

Als nu zu nacht kam der Nachrichter/
Färmeind zu würgen die Bößwichter/
Fundt er die Frawen obgenant/
Da sitzen in Mannes gewandt/
Die Männer waren aber hin/
Das deucht jhn gar ein frembder sin/
Die Frawn willig zu sterben warn/
Er ging vnd thete offenbarn/
Solliche vnerhörte thaet/
Der Oberkeit vnd eim Senat
Der verwundert sich solcher trew/
Vnd vnerhörten lieben New/
Das die Frawen hetten jhr lebn/
So willig in gefahr gegebn.
Für jhre Menner die in not/
Schon warn verurtheilt zu dem todt/
An die stett sich hetten gelegt.

Solche trewe that beweget/
Die Obrigkeit vnd den Senat/
Das er ledig gelassen hat/
An alln entgelt die Edlen Frawn/
Wiewol sie durch solchen vertrawn/
Hetten jhr todtfeindt hingelassn/
Das vergabn sie ohn alle massn/

Vnd

Vnd hetten an jhn kein abscheiv/
Von wegen jhrer lieb vnd trew.
Die sie jhrn Mennern tragen hetten/
Vnd sie zu Gnad auffnemen thetten.
    Desgleichen wirt gelobet sehr/
Von wegen grosser zucht vnd Ehr/
Die tapffer heldin Timoclea/
Welch war ein Fürstin zu Theba,
Alse sich in derselben Hauß/
Ein Heubtman trotzig vberauß/
Hette gelecht / vnd eingenomn/
(Nach dem in die Stadt war gekomn/
Der grosse Köng Alexander
Sampt seiner macht vnd Kriegs her)
Vnd sie beraubet nicht allein
All jhres Golds vnd Edelgstein/
Sondern gefordert auch daneben/
Das sie solt seim willn ergebn/
Da hat sie künlich vnd behertz
(Jdoch aus heimlichs list vnd schertz)
Geantwordet/ dieweil er wehr
Jtz jhr Herr vnd vberwinder/
So kont sie jhm gar nichts versagn/
Was jhr zu thun wehr vnd zutragn.
Doch sie jhm erstlich zeigen wolt
Ein schatz von Kleinodt vnd von golt/
Dan sie/ eh die Stat wehr gwunnen/
In einem truckn alten brunnen/
Heimlich vnd still in grossen sorgn/
In jhrem Garten hett verborgn.
Als solches der Heuptman gehort
Ist er gantz willig also fort

Wie

Mit ihr in den Garten gangen/
Damit er den Schatz möcht erlangen.
Vnd hat sich lassn vberreden/
Das er ist auff ein leitr getreden/
Vnd gestign in den Brun hinein/
Zu holen Golt vnd Edelgstein.
Als er nu in demselben loch
Daniden suchend herumb kroch/
Fraw Timoclea alsobaldt
Sampt jhren Jungfrawn mit gewalt/
Die leitr aus dem Brun zogn auff
Vnd trugn eilendes zu hauff
Mit jhren henden Kiselstein/
Warffen die in den Brun hinein/
Das darvndr must in grosser nodt
Der geitzig Hauptman bleiben todt.

     Als solche mord ward offenbar/
Der andern Heubtleuten schar/
Würden sie vol grim vnd zorn/
Greiffen die Fürstin Hochgeborn/
Bunden sie hart mit strick vnd seil/
Vnd fährten sie in grosser eil/
Für jhren Köng Alexandrum/
Stunden all rings vmb jhr herumb/
Lobten jhrs gsellen Manligkeit
Die er beweist in mannigem streidt/
Vnd wie er offtmals vnuerzagt/
Beim Köng sein leib vnd lebn gewagt.
Vnd wer nu so durch list des Weibs/
Beraubt worden seins Adlichen leibs.
Baten Vndertheinig daneben/
Der König möchte an dem leben/

                                Widrumb

Widrumb straffen die Morderin/
Vnd mit dem Schwert lassn richten hin.
  Als aber Köng Alexander
Mercket der frawn Adlich gebehr/
Vnd das sie jhr Erbar gesicht/
Von wegn der klagt verwandlet nicht/
Befohl er sie sol zeigen an
Wenns Weib sie wehr/ vnd wie er Man
Heisse / darauff sie vnuerzagt
Dem Köng zu antwort wider sagt:
Ihrs Mannes sie wol wer bekant/
Derselb Theagenes genant/
Ein Fürst von Theba Hochgeborn
Welcher het ritterlich verlorn
Sein lebn in dem harten streit
Bey Choroneam/ die Freyheit
Des Vaterlandes zubeschützn:
Das sie abr hette in der pfützn
Den Macedonier vmbgebracht/
Darumb sie jzund wer verklagt/
Darzu het sie die grosse nodt
Gezwungen / dan sie noch den todt
Wold lieber alsobaldt anghen/
Als das sie solt noch eins ausstehn
Solche gefahr an jhrer Ehr/
Wie vorige nacht geschehn wehr.
Als solch red vnd tapffer wort/
Mit grossm verwundern het gehort
Köng Alexander / vngeacht
Wie hefftig sie auch ward verklagt/
Lies er sie loeß/ auch ihr zu Ehrn
Alle die jhrs Geschlechts wehrn.
        D        Die

Dis sein wol schone that der Weibr/
Die also jhre zarte Leibr/
Ja alle jhre Hab vnd gutt
In die schantz aschlagn mit trewen mutt/
Zu retten jhre Man / vnd Ehr
Des habn sie nu fort jmmermehr/
Lob/ehr/ vnd rhum bey aller welt/
Welchs bessr als grosse schätz vnd gelt.
    Aber Fraw ELISABETH viel
Vbertrifft solches lobes ziell.
An den Tugnden welch gantz vnd gahtz
Verholn gewest der Heyden schar.
Dan sie erkant ins Himmelsthron
Den waren Gott vnd seinen Son/
Jesum Christum der welt Heylandt/
Das der vom Vater sey gesandt/
Zu retten von dem ewign todt/
Vnd ander Leib vnd Seele nott.
Alle die jennen so jhm trawn/
Mit festem glauben auff jhn bawn.
Auff den sie auch jhr zuuersicht/
Mit festem glaubn allein gericht/
Vnd sich seines verdienstes blos
In alle jhrm anliggen gros
Stedes getröst / auch mit gedult
Was von wegn jhrer Sünden schult
Der fromme Gott jhr auffgelacht
Getragen/ vnd beid tag vnd nacht/
Des morgens frü vnd abend spett/
Gehalten an mit jhrm Gebett/
Das Gott in jhr wolte vermehrn
Sein erkentnis / auch jhr beschern

                                    Ein

Ein festen glaubn vnd hoffnung gut/
Das sie jo mücht mit freidgem mutt
Verlassen sich in letzter nodt/
Auff Christi leidn / vnd durch den todt
Ohn alle schrecken hineindringn/
Zum ewign leben / vnd da singn
Sampt allen Heilign vnd Himelshyer/
Dem lieben Gott lob preis vnd Ehr.
Solch erkentnis sie hat genommn
Vnd durch den heilgen Geist bekomm
Aus heilger Schrifft / welch frü vnd spat
Sie ghört/ vnd auch gelesen hat
In der Bibel / vnd dan dabey
Auslegungn / doch nicht allerley
Sondern was Doctor Luther fein
Der Man Gottes geschrieben rein/
Daraus sie dan also gesterckt
In reiner Lehr / das sie baldt merckt
Was von dem Teuffel wahr gestifft/
Vnd in sich hett der Ketzer gifft/
Darumb sie dan auch gantz vnd ghar/
Von hertzen grunde feiendt wahr
Allen Schwermern / vnd sonderlich
Den Caluinisten / welche sich
Dem ewign wahren Gottes Son/
Daroben in des Himmelsthron
Vnderstehn mit spitzfindigkeit/
Zuberauben seiner Warheit
Vnd vnbegreifflichen Allmacht.
Wie den die solchs nicht haben in acht.
 Aus solchem Gottseligen quell/
Viel ander Tugnden schon vnd hell/

In jhr heuffig entsprungen sein/
Wie jhr hernach mügt lesen fein/
Dan ich dieselben wil berürn
Ein wenig/ dan die nach gebürn
Vnd jhrer weißheit allerding
Zubeschreiben/ ich viel zu gering.
   Es hatt zwar auch ein hohen preiß/
Die heilig Elisabeth weiß/
Welch ist gewest aus Vngerlandt/
Eins Königs Tochter wolbekant/
Die aus Hessen Landgraff Ludwich
Zum Ehgemahl hat erwelet sich.
Dieselb ist wegen Milter that/
Die sie den Armen erzeigt hat/
Ein Mutter. der Armen genant/
Dan sie hat reichlichen gesandt/
Gelt vnd zehrunge der Armut/
Die Kranckn gehabt in guter hutt.
Vnd als man sie darumb verklagt/
Vnd aus jhrm Lande weg geiagt/
Als eine die thate verschwenden
Mit gebn den Armn vnd Elenden/
Des Landes Barschafft / gelt vnd hab/
Hat sie doch von jhrer Morgngab/
Welch war an Silbr zweytausent pfunt/
Gebawet zu derselbign stundt/
Zu Marpurg ein schon Hospital/
Vnd dar gegeben Speis vnd Mahl
Für Arme leut/ vnd ohn beschwer
Jhnen gedient / gleich ob sie mehr
Ein Magt / die dazu ist verpflicht
Das sie Haußlich arbeit verricht.

                         Aber.

Aber vnsre *ELISABETH*
Ob sie gleich auch jhr ankunfft hett/
Aus hohem gschlecht vñ Könglichm stam
Vnd auch ein weitberümpten Namn
Hierein / dieselb weit vbertrifft/
Denn sie nicht allein hat gestifft
Ein Hospital für Arme leut/
Sondern wie solchs bezeuget heut
Der augenschein / hat sie zu Ehrn
Dem getrewen Gott jhrem Herrn/
An fünff orten in diesem Land/
Der namen hie sehr wol bekant/
Schön Armen heuser lassen bawn/
Für francke Männer vnd für Frawn.
Vnd Järlichen dazu vermacht/
Gewisse hebungen vnd Pacht/
Dauon die Armen können habn
Ihr vnderholt: vnd solche gabn
Hat sie/ wie jderman solchs wol
Weis/nicht vons Landshebung vnd zoll
genomn / sondern aus jhr Leibgedingn
Solches alles zu hauff thun bringn.
  Die Kirchen so verfallen warn/
Hat sie stedes von Jahr zu Jahrn
Auff jhr vnkostung renouiert/
Vnd dieselben herrlich geziert.
Wie dann solches der augenschein
Alhie in dem Schloskirchelein/
Welches so schön widr ist geziert
Mit schönen Bildern auspolliert/
Das einer lust hat wenn er mach
Darein gehn vnd es schawn am tach.

Zu dem siht man solchs offenbar
Am Thumb alhie/ welchr worden war
Zu einm Kalckhaus vnd wagenschawr/
Heut nicht mehr gantz ein einig Mawr.
Desgleichen weisset solches aus/
Das schon gebew vnd Klosterhaus
Zu Rhin/welchs jr aus Trew vnd gunst
Ihr lieber Herr geschenckt vmbsunst.
Darin sie dan für Junckfrewlin
Gerichtet an ein Schule sein.
Die schöne Kirch zu Dobberan/
In welcher jhr begrebnis han/
Viel Fürsten vnd Adlicher Man/
Hub an alln orten an zukrachn/
Dieselb halff sie auch wider machn.
Fürnemlich zum gedechtnis vnd ehrn/
Ihrem gewesznen lieben Herrn
Hertzog Magnus/ welcher aldar
Im Wendschen grab begraben war.
Vnd da in Dorffern vnd Stetten
Die Kirchen geringe hebung hetten/
Hat sie der viel an gelt vnd pacht
gebessert vnd grosser gemacht.
Auch hat sie etzlich arme Knabn/
Die von Gott hetten verstand vnd gabn/
Versorget mit Stipendijs/
Vnd was sonst gehört zun studiis.
Daraus dan geworden feine Leut/
Derer dan itzund eins theils heut
Noch lebn vnd nun der Kirchn gwesn/
Etlich in hohen Schulen lesn.
Vnd sein auch in denselben ordn

Ge

Gelert leut vnd Doctores werdn.

Aber mit was hertzlicher brunst/
Mit fester liebe/trew vnd gunst
Sie jhren Herrn hat stets vmbfangn/
Kan ich mit schreiben nicht ablangn.
Dan sie denselben nicht allein/
Geehret vnd genennet fein
Ihren lieben Herrn/ mit dem Munde
Sondern jhnen von hertzen grunde
Trewlich gelieb / bis an jhr endt/
Sich auch niemals von jhm gewent.
Vnd weil jhm jtz ein lange zeit/
Viel schwerer sorge vnd arbeidt/
Wegen Regierung Leut vnd Landt
Heuffig gekommen sein zur hande/
(Wie solches wol anzeigen klar
Für rechter zeit sein grawe haer)
Sie mit kluger bescheidner redt/
Mit freundtlichm gberde frü vnd spett/
Ihnen also thete erquicken/
Auff das jhn nicht möchte erstickn/
Der Landregierung schwere last
Die er allein het auffgefast.
Vnd wen er etwes must verrichten
Ausserhalb Lands aus amptes pflichten/
So gab sie ohn alles beschwern
Ein trew gefertin jhrem Herrn/
Aus hertzlicher lieb vnd fürsorg gros/
Das jhm nicht irgnt ein vnglück boes
Möcht vberfallen auff der reis/
Auch mit allm ernst vnd höchsten fleis
Gab sie achtung auff die gesellen

Die.

Die nicht mit ghorsam thetn bestellen
Ihres lieben Herren Mandat/
Was der ihn aufferleget hatt.
Oder die sonst mit spott vnd hon
Sein Fürstliche reputation
Verkleinert vnd verachtet gar/
Denselben sie hefftig feind war/
Vnd sie auffs eufferst thet verfolgn/
Sonderlich wenn sie bliebn verbolgn/
Vnd wolten nicht demütiglich
Solches abbitten vnd bessern sich.
    Vnd ob gleich Gott nach seinem rath
Im Ehstand ihr gegeben hat
Nur ein einiges Töchterlein/
Hat sie doch dasselbe Frewlein
Nicht verzertlet/ wie man wol siht/
Das sonst von vieln Muttern geschicht/
Die darin sein Nerrisch vnd blindt/
Wenn sie nur habn ein einigs Kindt.
Sondern sie hat es in Gotts frucht/
In aller Tugnt vnd harter zucht/
Also Fürstlich vnd wol erzogn/
Das durch solch lob auch ist bewogn
Der Dürchleuchtigste Köng vnd helt
Des Nahm bekant in gantzer welt/
Aus Dennemarckscher Nation/
Ihr auffzusetzn einr Köngin krohn/
Vnd dieselbige auserkorn
Für vielen Frewlein Hochgeborn/
Zu seinm Gemahl/ welchs ihn dan nicht
Gereuwet/ weil er spürt vnd sicht
Das sie durch aus an tugend reich

Ihrer

Ihrer Fraw Mutter ist gleich.
Vnd weil der Almechtigr aus gnad
Solch Ehbette begabet hat
Mit reichem segn vnd Kinderlein/
Die alle schon vnd Adlich sein.
So hat Frawe ELISABETH
Aus natürlichr lieb die sie hett
Zu jhrm geblüt vnd Kindeskindt/
Welchs dan gantz liebe gaben sindt/
Damit segnet der fromme Gott
Nur die allein so sein gebott
Halten/ vnd jhn zu jder stundt
Fürchten vnd Ehrn aus hertzen grundt/
Nicht haben können fürbeygancf
Aus solcher Mutrlichr liebe zwangf/
Ihr Tochter sampt dem jungn gschlecht
Zubesuchen/ wie nicht vnrecht.
Vnd hat jhr nichts liebrs mügn gschehn/
Als wenn sie selbst hat angesehn
Wie fein dieselb Königliche jugendt/
In furcht des Herrn vnd allr tugendt
Erzogen wart/ durch Leute fein
Die Glert an kunst vnd weißheit sein.

    Was abr diese seelge Fürstin
Gewesen für ein Haushalterin/
Kan ich nach wirdn beschrieben nicht/
Wil dennoch dauon kurtzen bericht
Thuen/ so viele bewust mir/
Vnd mus mit warheit melden von ihr/
Das man/ ( wil doch für mich nur richtn
Vnd niemand damit thun vernichtn)
In Deutschen Landn vnd Königreichn
                    E                    Ihrer

Ihrer in dieser sach geleichen·
Nicht viel wirt finden vnd ausfragn·
So fern men wil die warheit sagn.
Dan es nicht auff dem Schlos allein·
Vnd wor der Hoff gehalten gemein/
Must alles klein vnd gros hergehn
Nach seiner ordnung / vnd geschehn·
Alles richtig / in Küchn vnd Keller
Da waren sonderlich bestellt
Gesetzet zu guter auffsicht
Das kein schad möcht geschehen nicht:
Doch ward hie mit niemand fürjagt/
Oder sonsten ihmand fürsagt
Sein gerechtigkeit vnd gebür/
Allein das iglichm Thoer vnd thür·
Nicht offen stund wens ihm gesiel
Sah sie ein ichlichn auff das spiel.
   Die Empter in dem gantzen Land·
Warn ihr durchaus sehr wol bekant/
Was sie auffs höchste konten bringen·
An gelt / an korn vnd allen dingen/
Vnd thet dieselbn weislich bestelln/
Nicht mit leichtfertign jungen geselln/
Sondern sie forsschet nach vnd fern
Wo irgendt gutt Haushalter wern/
An denselben für andern allen
Hette sie lust vnd guten gfalln.
Alle Jahr zu bestimbter zeit
Wart Rechenschafft vnde bescheit
Von den Küchmeistern genomn/
Blieb niemand aus/ musten alle komn·
Mit ihrn Registern klar vnd six/

                Dorfft·

Dorfft keiner setzn vorn v'ein x.
Daher es auch dan freilich kam/
Das man allenthalben zunam
An vorradt/ vnd bliebn vnuerletzt
Die Empter/ vnd auch vnuersetzt.
Dan wo so gute auffsicht ist/
Da bessert sichs alls/ das ist gewiß.
Sonderlich gab sie gut achting
Auff ihr verordent Leibgeding/
Vnd hat dieselbe also gebawt/
Das/ wehr sie ehmahls hat beschawt/
Vnd sie nu ansicht in besundern
Sich mus darüber sehr verwundern/
Vnd loben solche schön gebew
Die also sein gemachet new
Auff ihr vnkost vnd weißheit gros/
Die sich da allenthalb gibt blos.
Sie thet auch in dem gantzen Landt/
Ihrs liebn Herrn Empter mit Betgewant
Vnd Leinen geret wol versorgn/
Es musten fleissig abend vnd morgen
Die Altfrawn mit den Megden spinnen/
Sie hielt reinliche wasscherinnen/
Die musten gantz genaw vnd ebn/
Vom Leinen geret antwort geben/
Wor diß vnd jenes war gebliebn/
Alles war ordenlich beschriebn.
　　Von Ackerbaw/ Wiesen vnd Weid/
Wuste sie auch gar gutn bescheid/
Hefftig sehr ihr stedes verdros/
Wenn sie hörte die Torheit gros/
Das viel vom Adel mit grossn schadn/

E ij　　　　　　Viel

Viel schoner Holtzung liessn ausradn/
Vnd machten daraus Garten vnd Teich
Dauon selten jemandt wirt reich..
Sie aber auch in diesem ding
Thet sorgen für die Nachkomling/
Nicht anders als für jhre kind
Eine fromme Mutter wen sie sind
Thorhafftig/ vnd sich dessn vnderstehn:
Daraus jhn schade mucht geschehn.
Darumb sie dan die Holtzung fein
Thet allenthalb nicht hegn allein/
Sondern an vielen ortn sie setzt
Junge Beume/ vnd auch viel pletz
Mit Dannen vnd Eichen lies beseien/
Welch dan gehabt solches gedeien/
Das man sie bald ohn allen schew
Wirt können gebrauchen zum gebew.
Sie hat auch feine ordnung gmacht.
In solchin Holtz/ vnd damit bedacht.
Die Kirchen vnd der Armen haus/
Wie solchs die Steine deuten aus/
Die allenthalb dabey gericht.
Das sich dran niemand vergreiff nicht..

　　　Damit men auch an allen enden
Für grosses gelt aus frembden Länden.
Nicht holen dorffte mit beschwerdt
Schon Reissig Roß vnd Wagenpfert/
Sie der selben ein grossen hauff/
An gelegen orten lies ziehn auff/
Daraus dan manger stoltzer gaul
Ward abgericht am gang vnd Maul/
Vnd sich vnterm sattel schickt so schon

Das er hett golten mange Krhon/
Wenn man jhn solt in solcher massen/
Aus frembden Landen holen lassen.
Was aber sich nicht schickt zum Sattel/
Odr sonst het irgent etwas tadel/
Das Brauchet man für Wagenspert/
Odr wart fürkaufft nach seiner werd.
    Ich kan gnugsam nicht alls erzellen/
Wie weislich sie thete bestellen/
Die ge        Hanßhaltung im Landt/
Wie solches menniglich bekant.
Vber dis alls war sie ein Krohn/
Gezieret mit vielen tugnden schon/
Sie wahr von herßen sanfftmütig/
Freundlich / gnedig vnd gütig.
Vnd ob der zorn sie wol bisweiln/
Wie dan Menschlich/ thet vbreiln/
So gab sie doch demselbn kein raum
Vnd hielt jhn nach gebür im zaum/
Nicht jagßernig wie man findt viel
Die drumb anrichten ein jammerspiel.
Wehret auch aller vneinigkeit
Die mit sich bringt verderb vnd leide.
Man hat an jhr niemals gespürt
Das sie ein wild geberr gefürt/
Auch niemand von jhr jh gehort
Ein vngereimpts vnzüchtig wort.
Sondern hasset von herßen grundt/
Vnd gar nichts bey sich leiden kunt/
Was sich mit vnzucht vnd schandfleckn
Besudeln thet vnd beflecken/
Da halff kein fürbit / wahr vmbsust/
                    E iij                    Wer.

Wer dran schult het/ sich trollen must.

    Wenn sie aber het Megt vnd Knecht
Die sich gehorsam/ keusch vnd recht
Verhalten hetten/ derselbn widrumb
Gleich wie ein leiblich Mutter frumb
Sie/ sich annam/ vnd steurt sie aus/
Bracht sie zu eignem Herd vnd Haus/
Gab ihnen Brautschatz vnd Kleidung/
Das sie ihr nicht kontn dancken gnung.
    Sie war auch feind vnd thete hassn
Die brüder so stedes inn nassn
Beid tag vnd nacht lagn/ vnd im quase/
Auch die nicht hielten billige mase
In kleidung/ vnd die nur erdachten
Newe fantzaun vnd selsam trachten.
Darumb sie auch ihr Jungfrewlein
Im Frawen zimmer allgemein/
Offtmals vermanet in Gotts frucht
Zu aller tugnt/ demut vnd zucht/
Vnd hat ihn vielmahl fürgehaltn/
Das nicht die Kleidung vnd gestaltn/
Ein Jungfraw machten lieb vnd wert/
Sondern ein züchtig Ehrlich gebert/
Das wehr das aller schonst kleinode
Weit vorzuzihn dem Golde roth
Darmit sich viel theten behangn/
Vnd kontn dennoch kein Breutgam erlangn/
    Gegn Krancke leut ihr mildigkeit
Stund stedes offen vnd bereit/
Theilt gerne mit ohne beschwern
Was man für Krancke thet begern
An Artzeney/ an Bier vnd Wein

                    Must

Must niemand was versaget sein.
Sonst war sie messig vnd sparsam
Vnd aller verschwendung sehr gram.

Sie liebt warheit in allm handel/
Vnd war feind allm tückschen wandel/
Die fuchsschwencker vnd pflaumenstreichr
Die Treppendregr vnd leisenschleichr/
Sie bald kond kennen an der sprach/
Hetten nicht viel platz in ihrem Gmach.

So bald sie aber thete mercken
Das einr wolt sein müttlein stercken/
Vnd darumb stoltz werdn vnd verbolgn
Sich brüsten vnd ander verfolgn
Das er het jhre gunst vnd gnad/
Denselben sie offt warnen that/
Frey offentlich ins angesicht/
Sprach/ hörstu gsell verlas dich nicht
Zu sehr auff Herren gunst vnd gnad/
Sondern bedenck es früh vnd spad/
Was habn gesagt die Alten weis:
O grawer Kittel so nicht reis/
Den Herren huld ist kein erbautt/
Klug ist der wers bedencken thut.

So jemand jrgent war beschwert
Vnd sie anzureden begert /
Denselben sie gantz gnediglich
Selbst höret er war arm odr reich/
Vnd da billig war sein bitt/
Sie jhm dieselb versaget nitt/
Sondern theilte jhm mit jhrn raht
Vnd erzeiget jhm hülff vnd gnad/
Vnd lies nicht gerne von jhr gehn

Ohn

Ohn trost/ dem vnrecht whar geschehn/
In Summa all ihr thuen vnd lebn/
Das stimpt mit Pauli regel ebn/
Da er spricht das selig ein Weib
Werd/ wen sie bewart keusch ihrn Leib/
Vnd fest den Glaubn vnd Liebe bhielt/
So lang sie lebt auff dieser Welt.
   Ob sie nu wol an allem end/
In der haushaltung viel vmbstend
Het teglichs/ ohn das sie mit hauffn/
Von diesm vnd jennen wart angelauffn/
Dennoch sie stets bey tag vnd nacht
Auffs End/ vnd letztes Stündlein dacht/
Lies auch darein bey gsunden zeitn/
Ihr Grab im Thum alhie bereitn/
Desgleichn ihr Todten gred viel jhar/
Nebenst dem Sarcke fertigk whar.
Auch hat sie nicht ohn grosses gelt
Alhie auffzurichten bestelt/
Von Albaster vnd Marmelstein/
Ein Monument herlich vnd fein/
Darin ihr lieber Herr formlich
Gehawn/ vnd sie gantz seuberlich
Aus weißm Albaster ist formiert/
Fein außgeputz vnd wol geziert/
Dabey dan auch artich/ doch klein
Ihr Füreltern abgebildet sein/
An dem ort da ihr bilt gesetzt
Ist Pauli Spruch fein eingeetzt:
Der todtlich abscheid vnd das sterbn/
Ist mir kein verlust vnd verderbn/
Sondern ich haltz in meinem Sin/

                                   Für

Für das allerbeste gewin/
Weil Christus ist das leben mein/
Bey dem allein bgher ich zu sein.

    Hirauß kan leicht abnehemn ein Christ/
Mit was gedancken vmbgangen ist/
Die Gottselig fromme Fürstin
Weil sie den Todt geacht für gwin.

    Vnd wie von junger jugend auff
Jhres gantzen lebendes lauff/
Gewesen gantz Christlich vnd still/
Also ist auch / wie sie das zill
Jhres lauffes hette erreicht/
Jhr end gewest dem lebend gleich.

    Dan als aus Mutterliebe Brunst/
Vnd angeborner trew vnd gunst/
Sie mit jhrm Herrn gesund vnd starck/
Gereiset whar in Dennenmarck/
Vnd nu frölich besuchet hett/
Alda Königliche Maiestet/
Auch sein hertzallerliebstes Gemhal/
Nebenst Königlichen gschlecht vberall/
Vnd itzund auff der widrreis wahrn/
Am Mehr / da men pflecht vbrzufahrn/
Zu Giedtzgard da anschlecht die Sey/
Ist jhr eilends geworden whe/
Vnd hat sie vbrfallen plotzlich/
Ohn all hoffnung vnd zuuorsicht/
Ein hitzigk Fieber/ welchs jhr brache
Grosse mattigkeit vnd amacht/
Vnd böse stiche zu dem Hertzn
Mit heubtwhedach vñ grossem schmertzn.
Vnd als darübr jhr lieber Herr/

              **F**          Erschrack

Erschrack vnd sich betrübet sehr/
Desgleichen Köngliche Maiestat
Nebenst der Köngin früh vnd spadt
Auff sie warten bey nacht vnd tagn/
Vnd jhre schwacheit hoch beklagn/
Vnd batn fleissigk ohn vnderlas/
Gott wold sie widr machen zu pas/
Da hat sie an solchm klagn vnd weinn/
Obs gleich geschehn aus gutm wolmein it
Gehabt ein grosses mißgefahl/
Vnd sie getröstet vberall
Vnd stets gebetn/ der gtrewer Gott
Wolt sie aufflösen durch den todt/
Damit sie aus der bösen welt/
Da itz der Teuffel recht haus helt
Möcht balde werden weckgenomn/
Vnd zu jhrm bruder Christo komn/
Solchs war jhr höchst wünsch vnd beger/
Darumb brachts jhr ein gros beschwer
Vnd verdros sie gantz hefftig sehr
Wenn men jhr wolt von lengerm lebn
Gutt hoffnung vnd vertröstung gebn.
      Vnd als sie merckt das nahmen ab
Jhr krefft/ gantz gern sie sich begab
In Gottes willen vnd gar nich/
Mit weltlichn dingn bekümmert sich/
Wie sonst solchs ist des Gottlosn art
Wenn der sol halten sein hinnefart/
Sondern jhrem diener befahl
Das er solt zu jhr in den Sahl
Den Hoffprediger kommen lahn.
Als der verhanden hub sie an

Indes

Zubekennen mit frölichm hertzn/
Ohn anzeigung jenniges schmertzn/
Ihrn Christlichn glauben offenbar/
Welchs inhalt kürtzlich dieser war:

    Ich glaub vnd halt für war vnd gwis
Das ohn gfehr nicht geschaffen iß
Die wunderschon Himmel vnd Erd
Vnd was darin gefunden wert/
Sondern das der Allmechtigr Gott
Durch seines worts einich gebott/
Alles anfenglich hab gemacht/
Vnd solch gebew noch halt in acht.

    Du ewigs wesen/ der du bist
Ein Vatr deines Sons Jesu Christ/
Der du dich geoffnbart gewis
Mit vieler herrlichen zeugnis/
Vnd mit dem das du von deim thron
Gesandt hast deinen lieben Son/
Von dem du theist vom Himmel schalln
Das wir jhm soltn gehorchn in alln.
Dich gleube ich vnd halt allein
Den rechten waren Gott zu sein/
Der sampt dem Son zu gwisser zeit/
Vnd heilgen Geist/ all ding bereit.
Auch gleube ich für gwis vnd war
Vnd bekenne es offenbar/
Das du dem armen menschlichn gschlecht
Weil es vom Teuffel gar geschwecht/
Gesand hast aus liebe vnd gunst/
Ohn alle verdienst vmmesonst
Aus hohem weisen Göttlichn rath
Dein lieben Son/ welcher den hat

Menschlich Natur gantz williglich/
Genommen an/ vnd gegebn sich/
Zu einem Opffer wie ein Lam/
Geheffter an des Creutzes Stam/
Vnd getragen ein Kron von Dorn/
Damit er stillet deinen zorn/
Welchn dein Gerechtigkeit gefast/
Von wegen vnser Sünde last.
Vnd weil du getreuwer frommer Gott
Befholen/ das in aller not/
In kranckheit/ elend/ vnd zufelln/
Wir sollen vnser zuflucht stelln/
In rechtem Glaubn auff jhn allein/
So wolstu vns gnedigk sein/
Vnd erhörn vnser bitt vnd klag/
Auff solche dein Göttlich zusag/
Aus deinem Wort gezeiget mir/
In meiner Kranckheit ich zu dir
Auch kom / vnd bit demütiglich/
Du wollest jo gedencken nich/
Meiner jugend vnwissenheit/
Vnd mir nach deinr Barmhertzigkeit
Gnedigk sein / du getreuwer Herr/
Vnd all meinr Sünd nicht gdencken mer/
Sondern haben mit mir gedult/
Vnd nicht handlen nach meiner schult/
Sonst würd ich für deim Angesicht/
Zu schanden werden vnd zu nicht.
Solch mein Gebet / weil ichs gethan
Nach dein befhel / ist kein zweiffl dran/
Werdstu in Gnaden nhemen an/
Vnd mich ohn hülff vnd trost nicht lahn.

Ich

Ich danck dir auch zu dieser zeit/
Vnd wil es thun in Ewigkeit/
Für dein vielfaltige wolthat/
Die mir dein Hand erzeiget hat/
Sonderlich das du vnbeschwert/
Dein wesen vnd willn mir hast erklert/
Vnd das du mir dein Son geschenckt/
Der für mir ist ans Creutz gehenckt/
Auch das du mich zu deinem Licht
Geessschet / vnd lassn stecken nicht/
In Heidnischr lehr vnd blintheit gros/
Odr sonst in anderm Erthum boes.

    Dich bitt ich auch Herr Jesu Christ/
Der du mein einiger Heiland bist/
Vnd an des Creutzes Stam gestorbn/
Vnd mir deins Vatern hülff erworbn/
Der du auch sagest gnediglich/
Kompt her zu mir vnd scheuwet nich/
Alle die ihr bemühet seid/
Vnd hart beladn mit Creutz vnd leid/
Ich wil euch mit meiner hülff erquickn/
Vnd ewr vnglück zum besten schickn.

    Dich bit ich aus meins Hertzen grund/
Du wollest itz vnd ider Stund/
Dich gnediglich vber mich armn/
In meinem elend thun erbarmn/
Vnd bey dem liebsten Vater dein/
Mein getrewer Fürbitter sein/
Das er meinr Sünd nicht wold gedenckn/
Vñ mir sein heilgen Geist thun schenckn/
Der in mir in meinr letzten nodt/
Wenn ich nu ringe mit dem Todt/

Erwecke

Erwecke festen glaubens trost/
Vnd errinner das du erlost
Mich habest aus der Hellen glut
Vnd Teuffels gewalt durch dein blut/
Vnd wen ich kan mehr hören nicht/
Vnd mir vergeht all mein gesicht/
So las ach lieber Herre mein
Diesen Spruch meine leuchte sein:
Also hoch Gott geliebet hat
Die Welt/ das er aus lauter gnade
Seinen eingen vnd liebsten Son
Gesandt hat aus des Himmels thron/
Auff das all die ihr zuuorsicht
In jhm setzen verdampt werdn nicht/
Sondern im Himmelreich darobn
Jhn ewig müchten preisn vnd lobn.
Auch bitt ich Himlscher Vater mein
Du wollst dir lassn befohlen sein/
Mein liebsten Herrn vnd Ehgemahl
Jhn behüten für vnglücks fahl/
Auch jhnen noch viel jhar vnd stundt/
Erhaltn in wolstand frisch vnd gesundt/
Vnd weil ich weis das er sich hart
Wegn meins abscheids vnd hinnenfart
Bekümren wirt / vnd mennichmahl
Seuffzen mit grosser hertzen qual/
Wenn jhm felt ein wie freundlich gar
Wir vns beide nu dreissig jahr
Geliebt haben von hertzen grundt/
So wollstu jo solch grosse wundt/
Ach frommer Gott ihm selbst verbindn
Vnd lassn jhm trost vnd frewde findn.

Jm

Im gleichn wollstu getrewer Gott
Bewaren stets für angst vnd nodt/
Den König vnd die Tochter mein/
Sampt jhrn jungn Herrn vnd Frewelein
Vnd sie nebnst gantzem Vaterlandt/
Erhalten durch dein starcke handt/
Auch entlich sie lassn selich sterbn/
Sampt mir die ewig frewd ererbn.
Wie sie solch Christlich bekentnus
In warem glaubn vnd rechter bus
Geendet hatte / im selben Sahl/
Des Herren Christi Abentmahl/
Nachdem sie hett hertzlich verlangn/
Mit grosser andacht thet entpfangen.
    Als sie sich nu auff solche weis
Geschicket zu der langen reis/
Hat sie sich bis ans letste endt/
Von allem zeitlichn abgewendt/
Vnd für vnd für beid früh vnd spedt
Allein von Gottes wortt geredt/
Vnd von der grossen gutt vnd gnade
Die vns Gott reichlich erzeigt hat
In Christo seinem lieben Son/
Auch von der frewd vnd herrlichr kron/
Damit würden im Himmelreich
Gekrönt werden / die ritterleich
In diesem lebn hetten gestritten
Vnd viel hertzleide vnd angst gelittn.
Vnte Dauids Psalmn het sie gefall
Am hundersten vnd dritten an der zall:
Mein Seel den Herren loben soll/
Dan er mir hat gethan sehr wol

                                    Vnd

Vnd mir aus gnad zu dieser Stund/
Fürgeben all mein schuld vnd Sund.
Am funff vnd zwantzigstn im gleich:
Nach dir o Herr im Himmelreich/
Stet mein verlangn vnd zuuorsicht/
Du wirst mich jo verlassen nicht/
Auff das mein Feind nicht werde fro/
Das ich solt vnderlign also/
Dan niemand ist geworden zu schand/
Der sich vertrawet deiner Hand.

    Wenn auch anfing der Hoffpredger/
Ein schonen Spruch/ der trost vnd lehr
In sich hette/ so hat sie fort/
Ihm genoñen aus dem mund das wort/
Vnd denselbn Spruch nut wolbedacht/
Gesaget her vnd fürgebracht/
Auch diese wort vnd kurtz Gebet/
Sie offtmals widerholen thet:
Ach mein getreuwer Gott vnd Herr/
Verlas du mich jo nimmermhr.

    Vnd als sich nahet jhr Stündlein/
Dazu sie sich Christlich vnd fein
Geschickt/ da hat der Hoffpredger/
Ihr fürgesagt viel trost vnd lher/
Vnd entlich gfragt ob sie auch fest/
Bleiben wolte bis in jhr lest/
Beim Herrn Christo/der sie vom Todt/
Erlöset durch sein Wunden roht/
Darauff sie zu derselbign Stunde/
Geantwortet mit Hand vnd Mundt/
Ja/ bey wem anders? dan er allein/
Ist der getrew Erlöser mein/

                            In

In desselbn hend ich befeehl
Hierauff getrost mein arme Seel/
Als sie kaum diese Christliche wort
Geendigt /ist sie also fort
Mit voller vernunfft/ gantz sanfft vñ fein
Im Herrn Christo geschlaffen ein/
Vnd ist also aus aller arbeit
Gekomn zu rechter friedsamgkeit/
Durch den Kampff zur Victoria
Himlischer Ehr vnd gloria.
Aus jhrem glauben vnd vertrawn/
Ist nu geworden das anschawn/
Dan sie jtzundes da ansicht
In höchster frewd vnd hellem licht
Ewig vnd ohn all end vnd zeit
Die heilige Dreyfaltigkeit/
Gott Vater/ Son vnd heilgen Geist.
Vnd denselben lobt / ehrt vnd preist/
Sampt der liebn Engel grossen zall/
Vnd Heilgen auserwelten all.
Hat auch zu lieblichn gesellin
Viel Gottselige Königin/
Als die lieb Euam vnd Ester/
Abigail vnd ander mehr/
Die Mutter Christi Mariam
Vnd Constantini Helenam.
Auch hat sie da wider vmbfangn/
Wie sie offt gwünschet mit verlangn
Jhrn liebsten Vatr König Friedreich/
Auch Christian jhrn brudr zugleich/
Der von wegn seinr Gottseligkeit/
Hoch wird gelobt zu jderzeit.

An. 1586.
15. Octob.
mane inter
1. & 2.

G          Auch

Auch jhre Schwestr Dorotheam·
Vnd liebe Mutter Sophiam/
Welchs jhr dan ist die höchste frewd/
Vnd ein gar vngeleiche beut/
Für die herrligkeit so auff Erd
Die welt achtet gantz hoch vnd werd.
Der getrewe Gott wens jhm gefelt
Bescher vns auch aus dieser welt
Vnd aller trübsall angst vnd leidt
Ein solchen Christlichen abscheidt/
Durch Christum seinen lieben Son·
Hochgelobt ins Himmelsthron/

    Nachdem die Seel von jhr gescheidn/·
Gantz ehrlich man thats bekleidn/
Jhren verstorbenen Leib zart
Nach Fürstlichem gebrauch vnd art/
Vnd legeden jhn in ein starck
Gemachte kasten oder Sarck.
Vnd bereid sich ein jderman
Das so bald man würde wint han/
Man das Leich möcht her vbr führen
Vnd es begrabn nach gebüren.

    Da nu die Könglichn Schiffe warn·
Herrlich bereitt/ das man wolt fahrn
Zu rück/ vnd es nu ging ans scheidn·
Da hub sich an ein schmertzlich leidn/
Vnd würden vergossn viel threnen/
Für andrn thet gantz klechlich sehnen·
Die Köngin vnd schier in amacht
Ist afaln/ wie man die Leich gebracht·
Zu Schiffe/ vnd scheidet endlich
18. Octob. Weinend von jhrem Herrn Vater sich.·
                                Vnd·

Vnd ging darauff der frommer Herr
Mit schmersen gros beladen sehr
Ins Schiff/ da die Leich gesatzt ein/     20. Octob.
Vnd kont nicht von jhr gscheiden sein.
Was aber für grosser gefahr
Der fromme Fürst ausgstanden dar
Durch vngestüm vnd windes braus/
Ist nicht zusagen vberaus.
Es hat dennoch der getrewer Gott
Jhm gnedig gholffen aus der nodt/
Dafür jhm sey mit höchstem fleiß
Gesaget danck/ lob/ Ehr vnd preis.
Als nu die Schiff durch Gottes handt
Beschützet/ komen an das Landt     21. Octob.
Zu Warnemünde/ nach gebür
Gantz trawriglich man bracht herfür
Die verstorben Leich/ welche dan
Auff huben zehn Adliche Man/
Für denen viel Schülerlein gingn
Aus Rostock/ welche thaten singn
Nebenst etzlichen Predigern
So auch dazu gefordert wern/
Vnd folgt dem Leich/ betrübet sehr
Im schwartzn trawrkleid jhr lieber Herr
Nebenst herrn Sigmund Augusto
Des hertze auch nicht war sehr fro:
Desgleichen andr vom Adl schon
In einer feinn Procession/
Vnd thaten sie hinbringen fein
Daselbst in die Kirch hinein.
Dieweil sie abr/ wie obgemelt/
Sich lange zuuor hette bestelt

Vnd machen lassn ein Sarck von zin/
Wart dasselb bald bracht dahin/
In welches sie da ward gelacht/
Vnd nach gebür Fürsilich bewacht.
Des andern Morgns da es thet tagn
Setzt man die Leich auff einen wagen/
So newlichen gemachet wahr/
Mit schwartzem Tuch bezogen gahr
Vnd einem Creutze/ welch schnewcis
Darüber genehet mit fleis.
Dafür gingen sechs braune Pferd/
Schwartz bekleidet bis auff die erd/
Vnd vier personen in trawrkleiden
Gingen dabey an beiden seiten.
Vnd führtn also aus Warnemund
Die Leich/nach Schwan zur selben stund.
Als man nu da war angekomn/
Hat man die Leich widr abgenomn
Für dem Kirchhofe von dem wagn/
Vnd haben sie widrumb getragn
Die zehn vom Adel/ vnd sein für
Gegangn ordentlich nach gebür
Die Schüler sampt etzlichen mehr
Vom Adl/ so warn verschrieben her/
Darauff dan sein die Fürsten beid
Gefolget in jhrem trawrkleid/
Nebnst jhn die Hoffred vnd Landsassn.
Die man alda hett fordern lassn/
Das Frawen zimr auch im gelcich/
Vnd auch die Bürger arm vnd reich/
Vnd habn die Leich alda wider
In derselben Kirch gesatzt nieder.

Vnd

Vnd nach dem eben der Sontach 22. Octob.
Auff die einführung folget nach/
Hat da gethan ein Trostpredigt schon
Der Hochgelert Doctor Simon/
Wie alle Menschen aus der Erdn
Von Christo soltn erwecket werdn.
Die Leich abr ist alda vier nacht
In derselb Kirch bliebn/ vnd bewacht.
Als nu ein zimblichr anzall wahr
Von Landsassen verschrieben dar/
Hat man die Leich widr ausgeführt 25. Octob.
Von dann mit Gsengn wie sichs gebürt
Auff dem wagen wie denn zuuor/
Vnd als men komn fürs Gustrowsch Thor/
Hat man sie vom wagn gnommen dar
Vnd gesetzt auff die Todten bahr/
Auff welch alsobald ward gelacht
Ein deck von schwartzm Sammit gemacht/
Vnd auff dieselbige mit fleis
Auch genehet ein Creutze weis.
Da habn die Leich widerumb ohn hast
Die zehn vom Adel auffgefast/
Als sie gesetzt war vom wagn
Vnd in die Pfarkirch hingetragn.
Fürher aber gesungen habn/
Aus der Schule zweyhundert knaben/
Sampt dem gantzn ministerio
Vnd Predigern so gewest aldo/
Darauff dan stracks gefolget sein
In trawrkleideren all gemein/
Die Land vnd Hoffjunckeren all
Der denn gewest ein zimlichr anzall/

Negest diesen/ zwelff armer Man/
Mit schwartzen tuch gethahen an/
Der jglich trug ein brennend licht
Von wachs gmacht vñ schwartz zugericht.
Nach diesen zwo vom Adel gingen
Welch theten tragen vnd herbringen/
Ein jder ein gros Wapen schon
Das ein der Dennenmarck schen Kron/
Das ander aber Pommersch war
Beid hübsch von Gold vnd scheinlich gar/
Darumb das aus den beidn Landen
Sie von Vatr vñ Mutr war entstandn
Darnach dan ward fein meheleich
Getragen her die Fürstlich Leich/
Es waren auch kunstlich gemacht
Noch kleiner wapen zweymahl acht/
Die alle waren aus dem stam̄
Aus welchn sie jhren vrsprung nam/
Die wurden auch an fackeln vnd stangn
An welch schwartz trawrbinden gehangn/
Getragn an beiden seiten der Leich/
Denen folgten widrum zu gleich
Mit grossen wapen jhrer zween
Wie für der Leich auch wahr gesehen.
Nach diesen folgeten zu fues
Herr Vlrich vnd Herr Sigmundus
Mit jhren Land vnd Hoffräthen/
Rentmeistr vnd Secretarien/
Darnach ging das Frawnzimr/ gekleidt
In weisse Tücher vnd trugen leidt/
Nebnst ander Eddelfrawen mehr
So aus der Stadt gekommen her/

Nach

Nach jhn führt men den schwartzen wagn
Von dem ich hieuor hab thun sagn.
Entllch von Gustrow ein gantz Rath
Der sich all schwartz gekleidet hatt/
Fein ordentlich vnd mit gemach
Der Fürstlichn Leiche folget nach/
Nebenst den Bürgern in gemein/
Sampt jren Frawn/ welche dan fein
Auffs Leich gewartet lang zuuor
Vnd die entpfangen für dem Thor.
In solcher ordnung ist men gangn
In die Pfarkirch/in welchr warn bhangn
Mit swartzem Tuch ein tach zuuor/
Die Fürstlichn Stuel vnd gantzes Chor.
Als nu die Leich nidrgesetz dar/
Auff dem Chor für das gros Althar/
Der Hr Celichius balt trat/
Gehorsam aus Fürstlichm Mandat/
Auff die Kantzel/ vnd nam für sich/
Erklert auch schon vnd gantz trostlich/
Den Spruch Christi: Warlich warlich/
Wer mein Wort helt vn gleubt an mich/
Den kan des Todts gewalt nicht schreckn/
Wirt jhn auch Ewiglich nicht schmeckn/
Als solch schon Predige war follend/
Fast man die Leich widrauff behend/
Vnd truch sie fein langsam vnd schon/
In voriger Procession/
In das schone Schloskirchelein/
Ist auch bestanden bleibn darein/
Bis auff den tag der Begrebnis/
Welchr der 23. Nouembris is/

                                In

In der zeit haben tag vnd nacht
Der Rath vnd Bürger stets gewacht
Bey jhr nebnst den Bürgerin
Welchr zwey vnd zwey gewesen sein.
Den abend wie die Leichgebracht/
Hat man ein herlich Malzeit gmacht
Auff in Schlos/den frembdon/vnd in der Stat/
Den Predigern vnd auch dem Rath/
Vnd vber das hat/vnbeschwert
Der frommer Fürst reichlich verehrt
Das gantze Ministerium/
Welchs seinr F. G. darum
Billig in vnderthenigkeit
Dancket jtz vnd zu jderzeit.
Hierauff man bald zur begrebnis hat
Fürschrieben Könglich Maiestatt
Aus Dennemarck sampt seinin Gemahl/
Junger Herrschafft vnd Frewlin all/
Auch Hertzog Wilhelm von Braunschweig
Vnd Lüneburgk/ vnd im gleich
Hertzog Christoffer vnd das Gmahl sein/
Auch die Mechlburgischn Fürstn all gmein/
Sampt Fürstlichr Widwn/ vn von Schleßwich
Vnd Holstn/ Hertzog Hans vnd Friedreich/
Auch andre Herrn vnd Potentaten/
Sampt fürnehmn Steten vnd Prelaten.
Vbr das acht vnd sechzigk vom Adl
Ehrlich an Tugnt vnd ohne datel/
Auch sampt jhrn Frawn in gleichr massen/
Achtzehen fürnehmer Landsassen/
Elff Amptleutn sein auch Brieff gesandt/
Desgleichen aus dem gantzen Landt
                                Den

Den Superintenden all/
Vnd Predigern 24. an der zall.
Die all soltn auff bestimbte zeit
Der Leich geben ein ehrlich geleidt.
Als 'nu der tag verhanden war/
Kamen der verschriebnen grosse schar/
Auff das Schlos gegangen vmb acht/
Vnd ward erst da Malzeit gemacht/
Vnd wie dieselbe war geendt
Hat men die Leich gebracht behende
Aus der Schloßkirch vnd sie gesatzt
In das Schlos mitten auff den platz.
Vnd hat der Marschalck jglichm ebn
Sein ampt vnd dienst nach gepür geben.
   Wie nu solchs alles gantz formlich
Bstellet war vnd ordentlich/
Kamen zween Heubtleut gangen her
Vnd holten auffs Schlos die Schüler/
Welche dan balt gekommen sein
Fast in die dreyhundert gros vnd klein/
Vnd sungen her für der Leich fein.
Denselbign folgeten zu handt
Alle die so wahren verwandt
Dem wirdign Ministerio/
Vnd ging erstlich nach gebür aldo
Königlichr gesandter Hoffprediger
Christoferus / ein Magister/
Bey jhm ging zu der linckern seit
Doctor Chytræus an weisheit
Vnd hoher kunst berümet weit.
Darnach folgten die andern Herrn
Doctoren so verschrieben wern
     H      Aus

Aus Rostockr Academien/
Auch all Superintendenten/
Sampt einer zimlichn grossen schar/
Von Predgern so gekommen dar.
Nach diesn die Landjunckrn drey im glit/
Den kein Empter waren befoln nitt.
Darnach die zwelff Armen mit Licht/
Wie solchs fürhin auch ist bericht/
Nach ihn sein zwey vom Adel gangen/
Die grosse Wapn getragn an stangen/
Darauff folgte die Fürstliche Leich/
Getragn langsam vnd seuberlich/
Von 10. vom Adl vnd an den seitn/
Ihrer sechszehn sie theten geleitn/
Die kleine wapen trugen sein
Gehefftet an schwartze stengelein/
Nach ihn mit zween wapen men sach
Zwo gehn / wie auch zuuor geschach.
Nach diesn vnsr Gnedger Fürst vn Herr
Gantz trawrig vnd betrübet sehr
Folget einsam vnd gar allein
Dem hertzallerliebsten Gemahl sein/
Welchr tod ihm truckt sein hertz so scharff
Das er viel threnen von sich warff/
Seiner Fürstlichn Gnadn folgn thaten
Königliche Densche Legaten/
Als nemlich/ des Reichs Cantzeler
Niels Caas an Adel vnd lehr
Ein fürtrefflichr berümpter Man/
Derselb/ wie billig / ging obn an/
Neben ihm ging Peter Güldenstern
Gantz hoch von Edlem stam vnd Ehrn

Ein

Ein Marschalck vbers gantze Reich/
Bey diesem ging ferner zu gleich
Her Georgius Rosenkrantz
Geziert mit hohem Adelsglantz
Mit weißheit vnd viel tugnden mehr
Des Denschen Reichs Hovemeister.
Der vierdte Heinrich Below wahr
An Adlichem stam/ weißheit vnd laß
Ein Reichs Rath in Dennenmarck
Diese folgten zu gleich dem Sarck
Wegen Königlicher Maiestatt
Die ihrer zwey geschicket hat/
Im gleichen auch wegn der Königin
Die andern zwey gekommen sein.
Nach diesen Hertzog Carolus
H. Johan vnd Sigmund Augustus
Von Mechlnburg vnsre gnedge Herrn
Ihrer lieben Freundin zu Ehrn/
Hier nach folgten in dieser Scharn
Die Legaten so gesand warn
Von Lünenburg vnd Holstein
In ordnund wie sichs gebürt fein.
Von Schwerin die Capittelsherrn
Hiernach auch gingen ihr zu Ehrn/
Denselbn folgten in dieser sach
Mechelburgische Landred nach.
Darauff folgten Fürstlich Hoffred/
Vnd aus der Vniuersitet
Rostock vier Doctorn gesandt
An kunst vnd weißheit weit bekant.
Zwey Bürgrmeister aus derselbn Stat
Sampt zween personen aus dem Rath

Folgten

Folgten darnach / vnd dan ferner
Die gesandtn aus der Stat Wismer.
Diesen vorigen folgten frey
Rentmeister vnd die Cantzeley.
Nach diesen folgt gantz trawriglich
Die Fürstlich Widwe / vnd het sich
Gekleidet weis / nach Fürstlichr art:
Nach ihr das frawen zimmer zart
Der todten Fürstin / vnd nach jhn
Der Widwen frawnzimr ging hin /
Nach diesen folgten jhr zu Ehrn
Die Jungfrawn so gekommen wern
Aus den Klöstern / zu Dobberthein
Zu Rhün / Ribnitz vnd Malchow fein /
Der Landred vnd der Edleut frawn
Sampt jhren verwandten Jungfrawn.
Hirnacher alle in trawr Kleidt
Gingen vnd trugen sehr gros leidt.
Diesn allen folget aus der Stat
Jn trawrkleidern der gantze Rath /
Sampt dem Hoffgsind vñ Bürgerschafft.
Auch jhren Frawen tugenthafft.

    Diese alle / wie obgemelt
Vnd ordentlich alhie gezelt /
Gantz Ehrlich die verstorbne Leich
Beleuteten also zugleich.

    Wie man nu mit Christlichn gesengn
Vnd ordentlichn Fürstlichn gepreng /
Jn die Thumkirch gekommen war /
Hat men die Fürstliche Leich aldar
Getragen recht hinauff das Chor /
Wlchs dan war vier wochen zuuor /

               Bijo.

Bezogen herumb mit schwartzem Tuch.
Da zündet man an schon geruch/
Vnd setzt die Fürstliche Leich widr
Mitten auff das Chor daselbst nidder/
Mit schwartzem Sammut fein bedeckt/
Die wachslichter men herummer steckt/
Auch all die wapen an den stangn
Thet men da fein herummer hangn.
Als nu ein jglicher an sein ort
Getreten vnd man auffgehort
Zusingen / auff die Cantzel trat
Auch aus Fürstlichm gehabten Mandat
Der watberümbte weise Man
Doctor Chytræus / vnd hub an
Eine Lateinsch Oration/
An kunst vnd lehren also schon
Das sie wol hett können bestehn
Wenn sie beinr Keyserin grab geschehn/
Wie er nu solche tapffer red
Mit grossem lob volendet het
Da trat er ab/ vnd also fort
Ihm folget an denselben ort
Aus Dennenmarck M. Christoffer/
Von Königlichr Maiestat geschickt her/
Vnd da eine Leichpredigt that
In welcher er vermeldet hat/
Wie Gottselig vnd Christlich fein
Die from̄ Fürstin geschlaffen ein/
Dauon er dan hat recht vnd gwis
Geben können die best zeugnis/
Weil er bey jhr zu jderzeit
Gewesen in der gantzn Kranckheit/

Vnd jhr auch darzu auffm Siegbett
Das heilig Abndmahl geben hett.
Wie nu solchs alles vollendt
Da nahmen die vom Adl behendt
Welche darzu verordnet wahrn
Die Fürstin von der Todten bahrn/
Vnd trugen sie fein sanfft hinab
In ein gewelbtes feines Grab/
In welche sie für elff Jahren
Hett gesatzt vnd lassn verwahren
Ihr liebe Schwestr DOROTHEEN/
Bey welchr sie auch hat wolln stehen
Nach dem todt/ weil sie zu jr stundt
Im lebn sie geliebt von hertzen grundt.
In dem selbn jhr Leib ruhet fein
Gleich in einem Schlaffkämerlein/
Bis das der Jüngste tag anbricht/
Vnd Christus kumpt zu seinm Gericht/
Vnd mit seiner Posaunen schall
Erwecken wirt die todten all.
Alsdan wirt sie widr auffstehn gantz
Vnd leuchten als der Sonnen glantz
Vnd erbn die ewigen Seligkeit
Allen auserwelten bereit.
Solchs wol der lieb Gott auch beschern
All jhrn freunden die solchs begern.
Vnd auch danebn viel zeit vnd Jahr
Bewar für aller nodt vnd gefahr/
Von Mecheinburgk das gantze Haus
Adlich gezieret vberaus.
Auch Dennenmarcksch Königliche kron/
                                        Sampt

Sampt den durchleuchtign Fürsten schon
Von Holstein/ vnd viel andern mehr
Potentaten/ so Christlichr lehr
Geneigt sein vnd wol zugethan/
Das wir also vnter jhn mügn han
Ein friedsam lebn vnd Regiment
Da es wol stehe an allem endt
Vnd das wir entlich all zugleich
Erlangn das ewig frewdenreich
Von Gott durch Christum seinen Son
Hochgelobt in des Himmels thron/

A M E N.

www.ingramcontent.com/pod-product-compliance
Lightning Source LLC
Chambersburg PA
CBHW022027080426
42733CB00007B/756